Métro 1
Cahier d'exercices B

Julie Green

1 Comment tu t'appelles? (pages 6–7)

1 Trouve les noms.

Find the names.

a ➜◆o⬚a✳ _____

b ❖o♠i✖✖e _____

c É▲oua♠▲ _____

d ●e♠✖a♠▲ _____

e ✖i❖o✛a✳ _____

f É✛i✳a●e➜◆ _____

g ▲e✛❒◆i✖e _____

h ❖o♠a✛ie _____

b	=	●	k	=	✗	s	=	✳
c	=	❖	l	=	✛	t	=	➜
d	=	▲	m	=	⬚	v	=	☆
f	=	■	n	=	✖	w	=	✓
g	=	❒	p	=	❔	x	=	▮
h	=	◆	q	=	✿	y	=	➤
j	=	⇨	r	=	♠	z	=	✌

2a Choisis la bonne réponse.

Choose the correct reply.

a Salut, Pierre, ça va? ☐

b Bonjour, Nicolas! ☐

c Au revoir, Émilie! ☐

d Comment tu t'appelles? ☐

1 Je m'appelle Thierry.

2 Oui, ça va bien.

3 Bonjour, Bernard!

4 Au revoir, Coralie!

2b Relie les dessins avec les phrases de l'activité 2a.

Match up the pictures with the sentences in activity 2a.

a ☐  ☐

b ☐  ☐

c ☐  ☐

d ☐  ☐

Métro 1
Cahier d'exercices B

Julie Green

Heinemann Educational Publishers,
Halley Court, Jordan Hill, Oxford, OX2 8EJ

A division of Reed Educational & Professional
Publishing Ltd

Heinemann is a registered trademark of Reed
Educational & Professional Publishing Ltd

OXFORD MELBOURNE AUCKLAND IBADAN
BLANTYRE JOHANNESBURG GABORONE
PORTSMOUTH (NH) USA   CHICAGO

First published 1999

05 04 03 02
10 9 8

A catalogue record is available for this book from the
British Library on request.

ISBN 0 435 37129 0 (Single Copy)
ISBN 0 435 37136 3 (Pack of 8)

Designed and typeset by Ken Vail Graphic Design

Illustrated by Nancy Anderson, Clive Goodyer, Graham-
Cameron Illustration (Felicity House), Joseph McEwan,
Sylvie Poggio Artists Agency (Samantha Rugen) and
Chris Smedley.

Printed and bound in the UK by Thomson Litho Ltd

Every effort has been made to contact copyright holders
of material reproduced in this book. Any omissions will
be rectified in subsequent printings if notice is given to
the publishers.

2 Mes affaires (pages 8–9)

1 Les étiquettes sont mélangées. Écris les bons mots.
The labels are all mixed up. Write in the correct words.

a un crayon  _____

b une trousse  _____

c une règle  _____

d un cahier _____

e un feutre _____

f une gomme  _____

g un stylo _____

h un livre _____

i un taille-crayon _____

2 Écris une phrase pour chaque dessin.
Write a sentence for each picture.

✔ = J'ai …
✗ = Je n'ai pas de …

Exemple: ✗ Je n'ai pas de règle.

a ✗ _____

b ✔ _____

c ✔ _____

d ✗ _____

e ✔ _____

f ✗ _____

3 Complète la bulle.
Complete the speech bubble.

Dans ma trousse, j'ai _____
Je n'ai pas de _____

Métro 1 © Heinemann Educational 1999

3 Comment ça s'écrit? (pages 10–11)

1 Trouve 12 mots et mets-les dans l'ordre alphabétique.
Find twelve words and write them in alphabetical order.

_____ ☐   _____ ☐   _____ ☐

_____ ☐   _____ ☐   _____ ☐

_____ ☐   _____ ☐   _____ ☐

_____ ☐   _____ ☐   _____ ☐

2 Relie les mots avec les dessins. *Match the words with the pictures.*

a   b   c   d

e   f   g   h

i   j   k   l

3 Complète les mots avec des voyelles. *Complete the words with vowels.*

•rbr• _____   m••s•n _____

c•f• _____   •n•f•rm• _____

gl•c• _____   v••t•r• _____

j•rd•n _____

Métro 1 © Heinemann Educational 1999

Mini-test

1a Qu'est-ce que c'est? *What is it?*

a nu vrlie _____

b nue rssteou _____

c nu yolts _____

d nu ynocar _____

e nue memog _____

f nu hrieca _____

g neu ègrle _____

h nu reftue _____

1b Fais un petit dessin pour chaque mot.
Do a little drawing for each word.

a   b   c   d   e   f   g   h

2 Relie les questions et les réponses. *Match up questions and answers.*

a Comment tu t'appelles? ☐   1 C'est un livre.

b Ça va? ☐   2 Non, c'est faux.

c Qu'est-ce que c'est? ☐   3 Oui, voilà.

d Qu'est-ce que c'est? ☐   4 Je m'appelle David.

e As-tu une gomme? ☐   5 C-A-H-I-E-R

f As-tu un stylo? ☐   6 Non, je n'ai pas de gomme.

g Comment ça s'écrit? ☐   7 Oui, ça va bien.

h C'est vrai? ☐   8 C'est un stylo.

3 Écris tes réponses aux questions *a, b, e* et *f.*
Write your answers to questions a, b, e and f.

Métro 1 © Heinemann Educational 1999

4 Quel âge as-tu? (pages 12–13)

1 Trouve les 15 nombres et écris-les dans le bon ordre.
Find the fifteen numbers and write them in ascending order.

_____ _____ _____ _____ _____

_____ _____ _____ _____ _____

_____ _____ _____ _____ _____

2 Complète les listes. *Complete the sequences.*

a un, deux, trois, _____, _____, _____

b deux, quatre, six, _____, _____, _____

c trois, six, neuf, _____, _____, _____

d un, trois, cinq, _____, _____, _____

e deux, cinq, huit, _____, _____, _____

3 Complète les phrases. *Complete the sentences.*

a  **b**  **c**

a J'ai _____ ans.

b J'ai _____ ans.

c J'ai _____ _____.

d

d J'ai _____ _____.

e

e J'ai _____ _____.

5 Quelle est la date de ton anniversaire? (pages 14–15)

1 **C'est quel jour? Trouve le code.**
Which day is it? Find the code.

Exemple: mvoej = lundi

a ejnbodif _____ d nfsdsfej _____

b wfoesfej _____ e tbnfej _____

c nbsej _____ f kfvej _____

2a Écris les chiffres à côté des dates.
Write the figures next to the dates.

a le vingt novembre 20/11 g le seize mai _____

b le quinze janvier _____ h le premier avril _____

c le dix-huit décembre _____ i le vingt-neuf février _____

d le vingt-sept mars _____ j le dix-neuf juin _____

e le trente juillet _____ k le quatorze août _____

f le vingt et un octobre _____ l le treize septembre _____

2b Mets les dates dans le bon ordre. Commence avec *b* (*janvier*).
Put the dates in the right order. Start with b (January).

b _____

3 **Écris quatre dates importantes pour toi et fais un petit dessin.**
Write out four important dates for you and do a small drawing for each one.

Exemple: le sept octobre

_____ _____

_____ _____

Métro 1 © Heinemann Educational 1999

6 C'est de quelle couleur? (pages 16–17)

1 Colorie les dessins.
Colour the pictures.

a Colorie le tee-shirt en vert.

b Colorie la chaise en bleu.

c Colorie la règle en rouge.

d Colorie la trousse en jaune.

e Colorie la table en noir.

f Colorie le pull-over en rose.

g Colorie le cahier en gris.

h Colorie le livre en marron.

2a Trouve et écris huit phrases.
Find and write out eight sentences.

Ouvrez vos livres   *Travaillez à deux*

Taisez-vous   *Écrivez*

Rangez vos affaires

Écoutez   *Lisez*   *Parlez*

_____   _____

_____   _____

_____   _____

_____   _____

2b Dessine un petit symbole pour chaque phrase.
Draw a little symbol for each sentence.

Exemple:  Lisez

Métro 1 © Heinemann Educational 1999

Révision 1

1 Trouve les jours et les mois. *Find the days and the months.*

S	A	M	E	D	I	R	L	Y	P	A	J	U	I	N	L
E	O	J	S	G	I	J	U	U	G	F	D	S	A	O	S
P	Q	S	L	Z	Q	K	N	R	Q	V	Z	L	F	V	H
T	R	M	P	H	A	T	D	P	J	U	I	L	L	E	T
E	D	S	M	A	R	D	I	K	E	H	J	K	L	M	C
M	A	I	P	O	I	U	Y	T	U	R	E	W	Q	B	X
B	G	F	D	S	A	Z	X	C	D	V	B	M	A	R	S
R	N	M	Q	A	Z	A	V	R	I	L	W	S	X	E	J
E	D	E	D	C	R	F	E	V	T	G	B	O	Y	H	A
P	I	N	U	J	M	I	N	K	O	L	P	C	D	D	N
O	M	E	R	C	R	E	D	I	A	O	Û	T	U	N	V
L	A	H	Y	B	G	T	R	V	F	R	C	O	D	E	I
M	N	X	S	W	Z	A	E	M	M	N	B	B	V	C	E
J	C	C	X	Z	L	K	D	S	F	É	V	R	I	E	R
U	H	J	H	G	F	D	I	S	A	P	S	E	O	I	U
N	E	L	H	D	É	C	E	M	B	R	E	E	R	T	Y

2a Vrai (✓) ou faux (✗)?
Right or wrong?

a un + deux = trois ☐

b quatre + quatre = neuf ☐

c trois + cinq = dix ☐

d dix + six = quinze ☐

e neuf + huit = dix-sept ☐

f sept + quatre = onze ☐

g douze + deux = treize ☐

h quatorze + quatre = dix-neuf ☐

i seize + quatre = vingt ☐

j quinze + cinq = dix-huit ☐

2b Corrige les calculs faux.
Correct the wrong answers.

_____

_____

_____

_____

_____

_____

_____

_____

_____

_____

3 Complète les blancs. *Write in the missing words.*

a six + sept = _____

b trois + neuf = _____

c huit + neuf = _____

d neuf + _____ = vingt-trois

e sept + _____ = vingt et un

f six + _____ = vingt-deux

Métro 1 © Heinemann Educational 1999

Révision 2

1 Choisis et écris la bonne conversation pour chaque bulle.
Choose and write out the correct conversation for each speech bubble.

a   Au revoir, <u>Sophie</u>. Au revoir, <u>Mélanie</u>.

b   Bonjour, je m'appelle <u>Mélanie</u>. Bonjour, Je m'appelle <u>Sophie</u>.

c   <u>Taisez-vous</u>.

d   Tu as quel âge? J'ai <u>treize</u> ans.

e   Tu as <u>une règle</u>? Oui, <u>voilà</u>.

f   Quelle est la date de ton anniversaire? C'est le <u>six juillet</u>.

2 Adapte la conversation. Change les détails soulignés.
Adapt the conversation. Change the details underlined.

Métro 1 © Heinemann Educational 1999

Que sais-je?

I can …

● *say what I am called*

Je m'appelle _____

● *say hello and goodbye*

_____ et _____

● *say I am well*

Ça _____

● *say six classroom items I have*

J'ai _____

_____

_____

● *say two items I haven't got*

Je n'ai pas de _____

_____

● *name the days of the week*

lundi, _____

_____

_____

● *name the months of the year*

janvier, _____

_____

_____

_____

_____

_____

● *say when my birthday is*

Mon anniversaire est le _____

_____

● *name six items and say what colour they are*

un stylo bleu, _____

_____

_____

_____

Métro 1 © Heinemann Educational 1999

1 Où habites-tu? (pages 24–25)

1a Regarde la carte d'Europe et écris les pays.

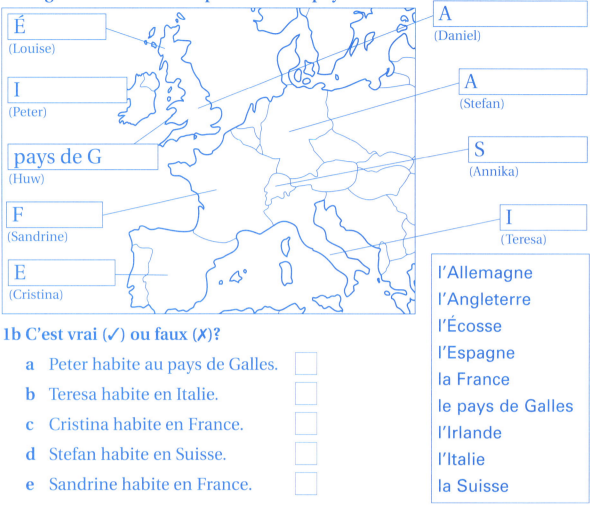

É
(Louise)

I
(Peter)

pays de G
(Huw)

F
(Sandrine)

E
(Cristina)

A
(Daniel)

A
(Stefan)

S
(Annika)

I
(Teresa)

l'Allemagne
l'Angleterre
l'Écosse
l'Espagne
la France
le pays de Galles
l'Irlande
l'Italie
la Suisse

1b C'est vrai (✓) ou faux (✗)?

a   Peter habite au pays de Galles. ☐

b   Teresa habite en Italie. ☐

c   Cristina habite en France. ☐

d   Stefan habite en Suisse. ☐

e   Sandrine habite en France. ☐

1c Réponds aux questions.

a   Où habite Huw? _____   c   Où habite Louise? _____

b   Où habite Annika? _____   d   Où habite Daniel? _____

2 Complète les phrases.

a   Cristina: Je suis _____

b   Huw: Je suis _____

c   Sandrine: Je suis _____

d   Louise: Je suis _____

e   Daniel: Je suis _____

f   Peter: Je suis _____

écossaise
irlandais
française
anglais
gallois
espagnole

2 As-tu des frères et sœurs? (pages 26–27)

1 Complète les phrases.

Mon frère s'appelle _____

Il a _____ ans. Ma
_____ s'appelle Nathalie.

Elle a _____ ans.

Mes frères s'appellent _____
et _____ . Benjamin a
_____ _____ et Marc a
_____ _____ .

Mes _____ s'appellent
_____ , _____
et _____ . Mélanie a _____
_____ , Bernadette a _____
_____ et Sophie a _____
_____ .

Mon _____ s'appelle
David. Il a _____ ans. Mes
sœurs s'appellent _____
et _____ . Jessica a _____
ans et Janine a _____ ans.

2 Et toi? Tu as des frères et sœurs? Comment s'appellent-ils et quel âge ont-ils?

_____

_____

Métro 1 © Heinemann Educational 1999

3 As-tu un animal? (pages 28–29)

1 C'est quel animal? C'est *un* ou *une*?

un/une?

a	rsious	_____	**e**	snposio	_____
b	rtseamh	_____	**f**	ausioe	_____
c	inehc	_____	**g**	gnaiéera	_____
d	htca	_____	**h**	pailn	_____

2 Complète les mots croisés.

3 Colorie les animaux et écris des phrases.

Exemple: a *un chien noir et blanc*

a   b   c   d   e

| blanc/blanche | noir/noire | tigré/tigrée | vert/verte | gris/grise | bleu/bleue |

Mini-test

1 Trouve les dix pays.

J	L	F	E	D	T	R	L	I	P	A	A
A	U	T	R	I	C	H	E	T	G	F	N
P	X	S	L	Z	Q	K	N	A	Q	V	G
K	E	M	P	H	A	T	K	L	J	U	L
E	M	S	J	A	H	D	L	I	G	H	E
S	B	E	L	G	I	Q	U	E	U	R	T
B	O	S	D	S	A	Z	X	C	S	V	E
G	U	P	Q	A	Z	A	V	R	U	L	R
F	R	A	N	C	E	F	E	V	I	G	R
P	G	G	U	J	M	É	C	O	S	S	E
O	U	N	Y	C	R	F	D	N	S	O	H
L	A	E	I	R	L	A	N	D	E	R	C

2 Qu'est-ce que c'est?

Exemple: C'est un lapin.

a _____

b _____

c _____

d _____

e _____

f _____

g _____

Métro 1 © Heinemann Educational 1999

4 Les yeux et les cheveux (pages 30–31)

1 Colorie les yeux et dessine les cheveux.

a J'ai les yeux bleus et les cheveux blonds et mi-longs.

b J'ai les yeux bruns et les cheveux longs et châtains.

c J'ai les cheveux courts et bruns et les yeux noisette.

d J'ai les cheveux courts et roux et les yeux bleu-gris.

2 Colorie les yeux et les cheveux comme tu veux et complète les phrases.

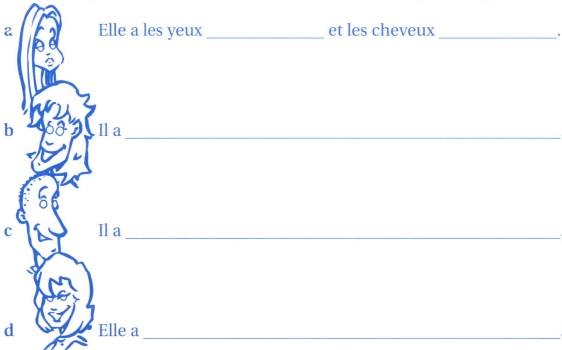

a Elle a les yeux _____ et les cheveux _____.

b Il a _____.

c Il a _____.

d Elle a _____.

3 Choisis une photo dans un magazine et décris les yeux et les cheveux de la personne.

Métro 1 © Heinemann Educational 1999

5 Tu es comment? (page 32–33)

1 Écris ces adjectifs dans la bonne liste.

paresseux   timide   bavarde   marrante

sportif   ennuyeux   petit   grande

marrant   petite   bavard

paresseuse   sportive   ennuyeuse

grand

Masculin   **Féminin**

_____   _____

_____   _____

_____   _____

_____   _____

_____   _____

2 Écris une phrase pour chaque dessin.

Exemple:  Il est paresseux.

a   b   c   d   e   f   g

3 Réponds aux questions.

a Bart Simpson est comment? <u>Il est marrant.</u> _____

b La Princesse Anne est comment? _____

c La-la est comment? _____

d Michael Owen est comment? _____

e Le Prince William est comment? _____

f Tony Blair est comment? _____

g Ta mère est comment? _____

EXTRA! Choisis une personne et écris une phrase sur la personne.

_____

Métro 1 © Heinemann Educational 1999

Révision 1

Fais les mots croisés.

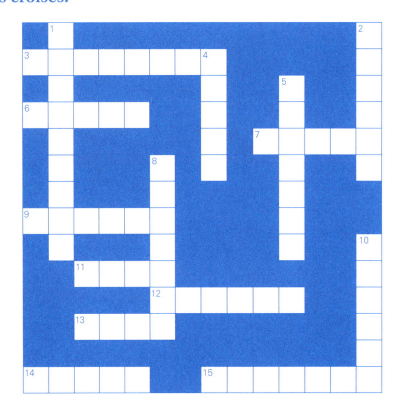

Horizontalement ➡

3 J'habite en France. Je suis …

6 J'ai un …

7 J'ai les cheveux …

9 Elle est …

11 Mon père, ma …

12 Je suis fille …

13 J'ai les … bleus.

14 J'ai un …

15 J'habite en Angleterre. Je suis …

Verticalement ⬇

1 J'habite en Irlande. Je suis …

2 Je suis écossaise. J'habite en …

4 J'ai un frère et une …

5 Il est …

8 J'ai les … mi-longs.

10 J'ai deux …

Métro 1 © Heinemann Educational 1999

Révision 2

Mes quatre frères

J'ai un frère
Qui s'appelle <u>Hamid</u>.
Il a <u>quinze</u> ans
Et il est très <u>timide</u>.

J'ai un frère
Qui s'appelle <u>Cherif</u>.
Il a <u>treize</u> ans
Et il est très <u>sportif</u>.

J'ai un frère
Il est vraiment <u>paresseux</u>.
Il s'appelle <u>Youssouf</u>
Il est très <u>ennuyeux</u>!

Enfin j'ai un frère
Qui est très <u>marrant</u>.
Il s'appelle <u>Mohammed</u>
Et il est <u>grand</u>, très <u>grand</u>.

1   Lis le poème et choisis un dessin pour chaque frère.

a   **b**   **c**   **d**

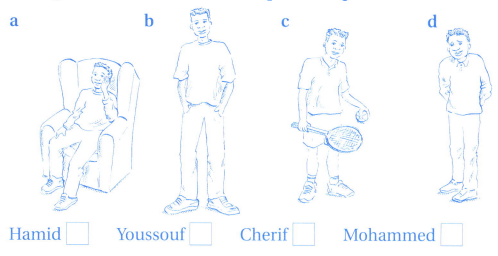

Hamid ☐   Youssouf ☐   Cherif ☐   Mohammed ☐

2a Dans le poème, souligne les noms communs en bleu.
Underline the nouns in blue.

2b Souligne les adjectifs en noir.

3   Relie les questions et les réponses.

a Mohammed est comment? ☐	**1** Il a treize ans.
b Quel âge a Hamid? ☐	**2** Il a quinze ans.
c Qui est ennuyeux? ☐	**3** Youssouf.
d Youssouf est comment? ☐	**4** Il est grand et marrant.
e Quel âge a Cherif? ☐	**5** Il est très timide.
f Hamid est comment? ☐	**6** Il est vraiment paresseux.

4   Écris un poème. Change les mots soulignés.

Métro 1 © Heinemann Educational 1999

Joyeux Noël

1 Colorie les cadeaux.

a Colorie sept en rouge.

b Colorie six en bleu.

c Colorie deux en vert.

d Colorie quatre en noir.

e Colorie un en jaune.

f Colorie huit en gris.

g Colorie cinq en orange.

h Colorie trois en rose.

2 Vrai (✓) ou faux (✗)? Corrige les phrases fausses.

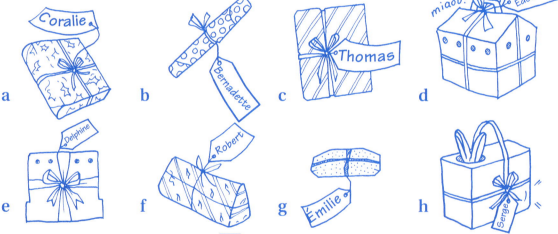

a Thomas a une trousse. ☐ _____

b Bernadette a un stylo. ☐ _____

c Émilie a un lapin. ☐ _____

d Coralie a un livre. ☐ _____

e Édouard a des feutres. ☐ _____

f Delphine a un hamster. ☐ _____

g Robert a un chat. ☐ _____

h Serge a une gomme. ☐ _____

Métro 1 © Heinemann Educational 1999

3   Trouve et souligne l'intrus.

a L'Angleterre   le pays de Galles   le nord   la France

b un frère   un chat   une sœur   une demi-sœur

c nord   sud   est   long

d un chien   un poisson   un demi-frère   une souris

e bleu   noir   rouge   grand

f oiseau   longs   mi-longs   courts

g sportif   bavard   fille   marrant

h crayon   français   gomme   livre

i douze   quinze   noir   quatre

j novembre   lundi   septembre   août

4   Familles de mots. Écris les mots dans la bonne colonne.

un taille-crayon   un stylo   un oiseau   un lapin   le Luxembourg   jaune   noir   l'Espagne   un poisson   une trousse   un crayon   une souris   gris   une araignée   bleu   la Suisse   l'Écosse   rouge   un chien   une règle   l'Allemagne   un cahier   blanc   les Pays-Bas

les animaux	les couleurs	les pays	au collège
_____	_____	_____	_____
_____	_____	_____	_____
_____	_____	_____	_____
_____	_____	_____	_____
_____	_____	_____	_____
_____	_____	_____	_____

EXTRA! Écris un puzzle pour ton/ta partenaire. *Par exemple*: Trouve l'intrus.

Métro 1 © Heinemann Educational 1999

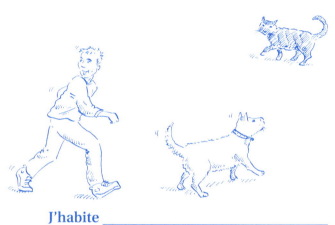
Que sais-je?

I can …

- *say where I live*   **J'habite** _____
- *say what nationality I am*   **Je suis** _____
- *say if I have any brothers or sisters*   **J'ai** _____

  _____

  Je suis _____
- *say what they are called*   **Il/Elle s'appelle** _____

  _____
- *say if I have any pets*   **J'ai** _____

  _____
- *say which animal I prefer*   **Je préfère** _____
- *say what colour eyes and hair I've got*   **J'ai les yeux** _____

  et les cheveux _____
- *say whether I am short, average or tall*   **Je suis** _____
- *say what sort of person I am*   **Je suis** _____

  _____

Métro 1 © Heinemann Educational 1999

1 Les matières (pages 40–41)

1a Trouve et écris les dix matières.

_____

_____

_____

_____

_____

_____

1b C'est *le, la, l'* ou *les*? Regarde dans le vocabulaire, si nécessaire.

_____

_____

_____

_____

2a Complète la grille avec 😃 , 😐 ou 🙁 pour Frédéric.

	Oui!	🎵🎵	🖌️	🏀
Frédéric				
Anne-Laure	😐	😃	😃	🙁

Le français, c'est super! Le sport, bof!
La musique, c'est nul. Le dessin, c'est ennuyeux.

2b Complète la bulle d'Anne-Laure.

Le sport, c'est _____ .

La musique, _____ .

_____ , _____ .

_____ , _____ .

3 Écris des phrases.

a   _____

b 🏀 🙁 _____

Métro 1 © Heinemann Educational 1999

2 Quelle heure est-il? (pages 42–43)

1 Dessine l'heure sur les horloges.

a Il est sept heures dix.

b Il est trois heures et demie.

c Il est onze heures vingt-cinq.

d Il est une heure moins le quart.

e Il est cinq heures moins dix.

f Il est neuf heures moins le quart.

2 Complète les phrases.

a Il est deux _____

b Il est onze _____

c Il est _____

d Il est _____

e Il est _____

3 Mets les heures dans le bon ordre. (Commence par *e*.)

a Il est quatre heures vingt-deux.

b Il est trois heures cinquante-cinq.

c Il est quatre heures quarante-trois.

d Il est trois heures trente-huit.

e Il est trois heures vingt-cinq.

f Il est quatre heures cinquante-neuf.

g Il est trois heures trente-sept.

h Il est quatre heures quarante-six.

1 *e*   2 _____   3 _____   4 _____   5 _____   6 _____   7 _____   8 _____

Métro 1 © Heinemann Educational 1999

3 L'emploi du temps (pages 44–45)

	lundi	mardi	mercredi	jeudi	vendredi	samedi
8h	6	10		maths 4	anglais 10	espagnol 16
9h	français 6	histoire-géo 7		espagnol 16	5	maths 4
10h15	histoire-géo 12	sport		français 6	6	6
11h15	technologie	sport		3	sciences 6	
DÉJEUNER						
2h	anglais 10	7		anglais 10	musique 9	
3h	4	dessin 7		histoire-géo 5	musique 9	
4h	maths 3	maths 4				

1 **Complète les blancs dans l'emploi du temps.**

   a Mardi, nous avons dessin à deux heures.

   b Lundi, nous avons français à huit heures.

   c Jeudi, nous avons technologie à onze heures quinze.

   d Lundi, nous avons maths à trois heures.

   e Vendredi, nous avons sciences à dix heures quinze.

   f Vendredi, nous avons histoire-géo à neuf heures.

   g Samedi, nous avons français à dix heures quinze.

   h Mardi, nous avons anglais à huit heures.

2 **Complète ces phrases.**

   a Jeudi, nous avons maths en salle _____.

   b Mardi, nous avons _____ et _____ en salle sept.

   c Samedi, nous avons espagnol en salle _____.

   d Lundi, nous avons _____ en salle douze.

   e Vendredi, nous avons musique en salle neuf à _____ heures.

   f Jeudi, nous avons anglais en salle dix à _____ heures.

EXTRA! **Écris des phrases sur tes matières (comme dans l'activité 2).**

Métro 1 © Heinemann Educational 1999

Mini-test

1 Écris les heures.

a Il est quatre heures quarante.   4h 40

b Il est douze heures vingt.   _____

c Il est une heure cinquante.   _____

d Il est trois heures trente-trois.   _____

e Il est onze heures trente.   _____

f Il est deux heures cinquante-cinq.   _____

2 Complète les phrases.

a **2:10** Il est _____.

Nous avons _____

b **1:53** Il est _____.

Nous avons _____

c **12:37** Il est _____.

Nous avons _____

d **3:42** Il est _____.

Nous avons _____ ¡Olé!

e **11:26** Il est _____.

Nous avons _____ Oui!

f **4:50** Il est _____.

Nous avons _____

Métro 1 © Heinemann Educational 1999

4 Une journée au collège (pages 46–47)

1a Trouve la fin de chaque phrase.

a J'arrive **c** Je mange **e** Je travaille **g** J'écris

b Je parle **d** J'écoute **f** Je joue **h** Je fais

☐ avec mes copains. ☐ le professeur.

☐ dans mon cahier. ☐ au collège.

☐ à l'ordinateur. ☐ de la gymnastique.

☐ avec mes copains. ☐ à la cantine.

1b Choisis la bonne phrase pour chaque dessin et complète les heures.

:
1 À neuf heures moins le quart

:
2 À neuf heures moins dix

:
3 À neuf heures

:
4 À dix heures et demie

:
5 À onze heures et quart

:
6 À midi

:
7 À une heure

:
8 À deux heures

Métro 1 © Heinemann Educational 1999

5 Qu'est-ce que tu portes? (pages 48–49)

1a Choisis un dessin pour chaque bulle.

a

> Je porte un jean noir, un tee-shirt rouge et noir, un blouson bleu et des baskets blanches. ☐

b

> Je porte une jupe rouge, une chemise blanche, un pull noir, des chaussettes rouges et des tennis blanches. ☐

1

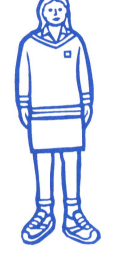

2

3

1b Colorie les deux dessins.

2 Colorie et décris le dessin qui reste.

_____

_____

3 Colorie l'uniforme comme tu veux et décris l'uniforme.

_____

_____

_____

_____

_____

_____

_____

_____

Révision 1

1 C'est quel vêtement ou quelle matière? Trouve le code!

a 12 5   4 5 19 19 9 14 _____

b 4 5 19   2 1 19 11 5 20 19 _____

c 12 ' 5 19 16 1 7 14 15 12 _____

d 21 14   16 1 14 20 1 12 15 14 _____

e 12 1   13 21 19 9 17 21 5 _____

f 21 14   16 21 12 12 _____

g 12 5 19   13 1 20 8 19 _____

h 21 14 5   3 8 5 13 9 19 5 _____

i 21 14 5   10 21 16 5 _____

j 12 1   20 5 3 8 14 15 12 15 7 9 5 _____

A	B	C	D	E	F	G	H	I	J	K	L	M	N	O	P	Q	R	S	T	U	V	W	X	Y	Z

2a Familles de mots. Écris ces mots dans la bonne liste.

matières	vêtements	nombres	opinions
_____	_____	_____	_____
_____	_____	_____	_____
_____	_____	_____	_____
_____	_____	_____	_____
_____	_____	_____	_____
_____	_____	_____	_____

la musique   c'est nul   quarante-trois   trente-deux
une jupe   l'histoire-géo   c'est génial   le sport   soixante
des baskets   c'est OK   des chaussettes   l'anglais
cinquante-deux   c'est ennuyeux   un polo

2b Écris encore deux mots dans chaque liste.

Métro 1 © Heinemann Educational 1999

Révision 2

1   Lis la lettre.

> Salut!
>
> Je vais te parler de ma journée au collège. J'arrive au collège à <u>huit heures moins le quart</u> et je parle avec mes copains dans la cour. Les cours commencent à <u>huit heures dix</u>. Le premier cours le lundi – c'est <u>l'informatique</u>. C'est super, <u>l'informatique</u>. J'écoute le professeur et je <u>travaille à l'ordinateur</u>. Puis, nous avons <u>anglais</u> dans la salle <u>quinze</u>. C'est <u>intéressant</u>. À dix heures, nous avons <u>sport</u>. Je fais <u>de la gymnastique</u> – c'est génial. À <u>midi et quart</u>, je mange à la cantine puis je joue avec mes copains.
>
> À deux heures, nous avons <u>histoire-géo</u>. Je lis le livre et j'écris dans mon cahier. C'est <u>ennuyeux, l'histoire-géo</u>. À trois heures nous avons <u>musique</u> – ça, c'est <u>intéressant</u>.
>
> Et toi? Décris-moi ta journée à l'école.
>
> À bientôt!   *Amélie*

   a Souligne les matières en bleu.

   b Souligne les heures en noir.

   c Souligne les opinions en rouge.

2   Vrai (✓) ou faux (✗)? Corrige les phrases fausses.

   a Amélie arrive au collège à 7h45. ☐ _____

   b Les cours commencent à 8h05. ☐ _____

   c L'informatique, c'est nul. ☐ _____

   d L'anglais, c'est en salle 15. ☐ _____

   e À 11h Amélie a sport. ☐ _____

   f À 12h 15, elle mange à la cantine. ☐ _____

   g À 2h elle a musique. ☐ _____

   h La musique, c'est intéressant. ☐ _____

3   Écris une lettre comme la lettre d'Amélie. Adapte les détails soulignés.

Métro 1 © Heinemann Educational 1999

Que sais-je?

I can …

- *say what subjects I do at school*

  Je fais _____

  _____

  _____

  _____

- *say what I think of my subjects*

  L'anglais, c'est _____

  Les maths, c'est _____

  Le sport, c'est _____

- *say what time it is*

  Il est _____

- *say what room different subjects are in*

  Nous avons dessin en _____

  _____

  _____

- *say three or four things I do at school*

  Je parle _____

  _____

  _____

  _____

- *say what I wear for school and say what colour my clothes are*

  Je porte _____

  _____

  _____

Métro 1 © Heinemann Educational 1999

1 Les sports (pages 56–57)

1 Complète les mots croisés.

2 Écris une phrase pour chaque dessin.

♥♥ = J'adore

♥ = J'aime

☺ = Bof!

✗ = Je n'aime pas

✗✗ = Je déteste

Exemple: ♥♥   *J'adore le cyclisme.*

a ♥♥ _____

b ✗✗ _____

c ✗ _____

d ♥ _____

e ☺ _____

f ♥ _____

g ♥♥ _____

*Métro 1 © Heinemann Educational 1999*

2 Que fais-tu? (pages 58–59)

1 Lis les bulles et souligne les sports.

a Nathalie:

> Je fais beaucoup de sports. Le lundi, je fais de l'athlétisme. Le mercredi, je joue au basket et au badminton. Le week-end, je fais de la danse et de l'équitation.

b Fabien:

> Le mercredi et le samedi, je joue au foot et le week-end, je joue au hockey. Je fais de l'entraînement deux fois par semaine.

c Céline:

> Mon sport préféré, c'est le hockey sur glace. Je joue au hockey sur glace deux fois par semaine - le mercredi et le samedi. Le lundi, je fais de la natation et le dimanche, je joue au tennis.

2 Vrai (✓) ou faux (✗)?

   a Nathalie fait de l'athlétisme le mercredi. ☐

   b Céline joue au hockey sur glace deux fois par semaine. ☐

   c Fabien joue au foot le lundi. ☐

   d Le sport préféré de Céline, c'est le hockey sur glace. ☐

   e Nathalie joue au basket le mercredi. ☐

   f Fabien joue au hockey le mercredi. ☐

   g Fabien fait de l'entraînement tous les jours. ☐

3 Regarde les dessins et écris une bulle pour chaque dessin.

   a lundi, ⊙ dimanche

   b mercredi + dimanche , samedi

   c mercredi + samedi , week-end

Métro 1 © Heinemann Educational 1999

3 Qu'est-ce que tu aimes faire? (pages 60–61)

1 Écris une phrase pour chaque image.

Exemple:

J'aime faire du sport.

a _____

b _____

c _____

_____

d _____

e _____

J'aime	lire des livres	Je n'aime pas	lire des livres
	écouter de la musique		écouter de la musique
	faire du vélo		faire de vélo
	regarder la télé		regarder la télé
	jouer à l'ordinateur		jouer à l'ordinateur
	faire du sport		faire de sport

2 Réponds pour toi.

a Tu aimes jouer à l'ordinateur? _____

_____

b Tu aimes faire des courses? _____

_____

c Tu aimes aller au McDo? _____

_____

d Tu aimes aller en ville? _____

_____

Mini-test

1 Regarde la grille et lis les phrases. C'est qui?

	🏊	💻	📖	⚽	🎵	🐎	🎸
Isabelle	♥	♥♥	✗	♥	✗✗✗	♥♥	✗✗
Éric	✗	♥	♥♥	♥♥	♥	✗✗✗	✗
Danièle	♥♥	✗✗✗	♥	✗✗✗	♥♥	✗	♥
Hervé	✗✗✗	✗	✗✗✗	♥	♥	♥	♥♥
Moi							

a   J'adore lire des livres.   _____

b   Je déteste le football.   _____

c   J'aime la natation.   _____

d   Je n'aime pas jouer à l'ordinateur.   _____

e   Je déteste écouter de la musique.   _____

f   Je n'aime pas le basket.   _____

g   J'aime faire de l'équitation.   _____

h   Je n'aime pas lire des livres.   _____

2 Remplis la grille pour toi et écris des phrases.

Exemple: J'aime la natation, je déteste jouer à l'ordinateur …

_____

_____

_____

_____

_____

Métro 1 © Heinemann Educational 1999

4 Le week-end (pages 62–63)

1 Écris une question pour chaque dessin.

Écoutes-tu	du vélo?	de la natation?
Lis-tu	au cinéma le week-end?	la télé le soir?
Regardes-tu	au tennis?	
Joues-tu	de la musique?	
Fais-tu	des BD?	
Vas-tu	à l'ordinateur?	

a _____
b _____
c _____
d _____
e _____
f _____
g _____
h _____

2 Choisis une réponse à chaque question.

1 Oui, je joue à l'ordinateur. ☐

2 Oui, je fais de la natation deux fois par semaine. ☐

3 Oui, je vais au cinéma le samedi soir. ☐

4 Non, je n'aime pas la musique. ☐

5 Non, je ne lis pas de BD. ☐

6 Oui, je fais du vélo avec mes copains tous les week-ends. ☐

7 Non, je ne joue pas au tennis. ☐

8 Oui, je regarde la télé le soir. ☐

3 À toi! Réponds aux questions *(a–h)*.

5 Que fais-tu quand il pleut? (pages 64–65)

1 Lis la météo. Mets les symboles dans le bon ordre.

> Lundi, il pleut et mardi, il y a du brouillard.
> Mercredi, il fait froid et jeudi, il y a des
> orages. Vendredi, il y a du vent. Le week-end,
> il fait chaud et il y a du soleil.

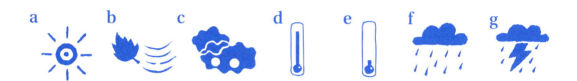

a b c d e f g

_____

2 Complète les phrases.

a Quand _____, je _____

b Quand _____, _____

c Quand _____, _____

d Quand _____, _____

e Quand _____, _____

f Quand _____, _____

| je joue à l'ordinateur | je lis des livres | (je) reste à la maison |
| je regarde la télé | je fais de la natation | je fais du vélo |

EXTRA! Réponds aux questions.

a Que fais-tu quand il pleut?

_____

b Que fais-tu quand il fait chaud?

_____

Métro 1 © Heinemann Educational 1999

Révision

Interview avec Martin

Interviewer:	Bonjour, Martin. Tu fais du sport?
Martin:	Oui, je joue au football et au basket. Je fais aussi de la natation et de l'athlétisme.
Interviewer:	Quel est ton sport préféré?
Martin:	Mon sport préféré, c'est le basket. Je joue au basket le lundi et le samedi.
Interviewer:	Tu aimes jouer au tennis?
Martin:	Oui, j'aime le tennis, mais je préfère le football.
Interviewer:	Il y a des sports que tu n'aimes pas?
Martin:	Oui, je déteste le rugby et je n'aime pas le volley.
Interviewer:	Que fais-tu le week-end?
Martin:	Je fais du vélo et je joue au football avec mes copains le samedi. J'aime aller en ville et je vais au McDo avec mes copains.
Interviewer:	Et le dimanche?
Martin:	Le dimanche, je reste à la maison et je joue à l'ordinateur.
Interviewer:	Qu'est-ce que tu fais le week-end quand il pleut?
Martin:	Je ne joue pas au football quand il pleut. Je reste à la maison et je regarde la télé ou je lis des BD.
Interviewer:	Et que fais-tu quand il fait chaud?
Martin:	Je fais du sport. Je fais de la natation ou je joue au football.
Interviewer:	Merci, Martin.

1 Lis l'interview. Trouve:

a sept sports _____

b trois activités à la maison _____

c deux expressions du temps qu'il fait _____

d trois jours _____

e trois opinions _____

_____

2 C'est vrai (✓) ou faux (✗)?

a Martin aime le sport. ☐

b Le lundi, il joue au football. ☐

c Son sport préféré, c'est la natation. ☐

d Il aime le tennis. ☐

e Il n'aime pas le basket. ☐

f Le week-end, il aime aller en ville et il va au cinéma. ☐

g Le dimanche, il joue à l'ordinateur. ☐

h Quand il pleut, il joue au football. ☐

i Il lit des BD quand il pleut. ☐

j Quand il fait chaud, il fait de la natation ou il joue au football. ☐

3 À toi! Réponds aux huit questions de l'interviewer.

_____

_____

_____

_____

_____

_____

_____

Métro 1 © Heinemann Educational 1999

Que sais-je?

I can …

- *say which sports I like*

  J'aime _____

  _____

- *say which sports I don't like*

  Je n'aime pas _____

  _____

- *say what I do in my free time*

  Je joue _____

  _____

  Je fais _____

  _____

- *say what I don't do*

  Je ne joue pas _____

  _____

  Je ne fais pas _____

  _____

- *say what I like doing*

  J'aime _____

  _____

- *say what I don't like doing*

  Je n'aime pas _____

  _____

- *say what I do at the weekend*

  Le week-end, je _____

  _____

- *say what the weather is like*

  Il _____

- *say what I do when the weather is bad*

  Quand il _____

  je _____

- *say what I do when the weather is good*

  Quand il _____

  je _____

Métro 1 © Heinemann Educational 1999

1 Nous habitons ... (pages 72–73)

1 C'est où? Trouve le code!

a dm azmkhdtd _____

b z kz lnmszfmd _____

c dm uhkkd _____

d z kz bzlozfmd _____

e czmr tm uhkkzfd _____

f zt anqc cd kz ldq _____

A	B	C	D	E	F	G	H	I	J	K	L	M	N	O	P	Q	R	S	T	U	V	W	X	Y	Z

2 Complète les bulles.

a J'habite _____ près _____

b J'habite _____ près _____

c Nous habitons _____ près _____

d Nous habitons _____ près _____

e J'habite _____. J'adore la _____

du collège des magasins de l'église
de la poste   neige

EXTRA! Où habites-tu?
Écris une bulle.
_____

Métro 1 © Heinemann Educational 1999

2 La maison (pages 74–75)

1 Complète les mots croisés.

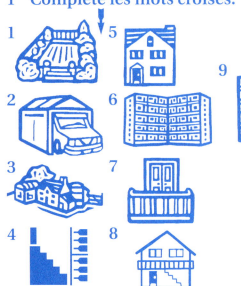

2 Choisis une image pour chaque texte.

1  2  3

a Delphine et ses parents habitent une grande maison en ville. Il y a un jardin avec beaucoup d'arbres. ☐

b Marc et sa mère habitent un appartement en banlieue. L'appartement est petit. Il n'y a pas de jardin ni de garage. ☐

3 Complète le texte pour l'image qui reste.

Rachid et ses parents habitent _____ ,

dans _____ . Il y a _____

avec _____ et _____ .

EXTRA! Écris un texte pour cette image.

_____
_____
_____

Métro 1 © Heinemann Educational 1999

3 Le plan de ma maison (pages 76–77)

1 Qu'est-ce que c'est?

a al uscinei _____

b al veca _____

c al hbemrac _____

d al ellsa à engmar _____

e el ueabru _____

f el nijrad _____

g al elsal ed sinab _____

h el rgaega _____

i al lesla ed ujex _____

j al uhcdeo _____

2 Écris le nom des pièces sur le plan.

Nous habitons une maison en ville. Au rez-de-chaussée, il y a la cuisine, le salon, la salle à manger et une petite salle de toilettes. Au premier étage, il y a trois chambres et une salle de bains. Au deuxième étage, il y a le bureau de ma mère et une salle de jeux. Au sous-sol, il y a un garage.

EXTRA! Dessine un plan et écris le nom des pièces. Décris ton dessin.

Mini-test

1 Lance un dé et souligne les bons mots.

	•	••	•••	•• ••	•• • ••	••• •••
J'habite	à la campagne	en ville	en banlieue	au centre-ville	en montagne	au bord de la mer
près	de la gare	du collège	des magasins	de l'église	de la poste	du supermarché
J'habite	une grande maison	une petite maison	un grand appartement	un petit appartement	une ferme	un chalet
Au rez-de-chaussée, il y a	une cuisine	un salon	une salle à manger	des toilettes	un bureau	une salle de jeux
Au premier étage, il y a	trois chambres	quatre chambres	deux salles de bains	six chambres	deux chambres	trois salles de bains

2 Écris un petit texte avec tes mots choisis.

Exemple: J'habite en ville près du collège. J'habite une ferme. Au rez-de-chaussée, il y a une salle de jeux. Au premier étage, il y a trois chambres.

_____

_____

_____

_____

EXTRA! Ajoute des détails.

Exemple: Au rez-de-chaussée, il y a une cuisine, un salon et un petit bureau. Au premier étage ...

_____

_____

_____

_____

_____

4 Chez moi (pages 78–79)

1
2

3
4

5
6

7

Papa prépare le repas.
Maman regarde la télé.
Mon frère écoute de la musique
Dans le salon, au rez-de-chaussée.

Ma sœur joue au ping-pong.
Ma copine est au supermarché.
Mais mon chien, où est-il?
Le voilà, il est dans l'entrée.

Mon chat, Chouchou, il dort.
Mon copain travaille dans le garage.
Et moi, je lis des livres
Dans ma chambre au premier étage.

Mais Victor, où est-il?
Il n'est pas dans le jardin.
Il ne lit pas de livres
Parce que Victor, c'est mon lapin!

1 Lis le poème et écris une phrase pour chaque image (1–7).

_____

_____

_____

_____

_____

_____

2 Réponds aux questions.

a Où est le frère? _____

b Où est le chien? _____

c Où est la copine? _____

d Où est le copain? _____

5 Dans ma chambre (pages 80–81)

1a Remplace les images par des mots.

Dans ma chambre j'ai un _____, une _____, une _____, une _____, une _____ et une _____. Mon _____ est sur mon lit et mon _____ est sur la table. Mes _____ sont sur l'étagère. Mes _____ sont sur la chaise et mes _____ sont dans l'armoire. Mon _____ est par terre et ma _____ et mes _____ sont dans mon sac. Mon _____ est sous la chaise.

1b Dessine les objets dans la chambre.

Révision 1

CAHIER B

Complète les mots croisés.

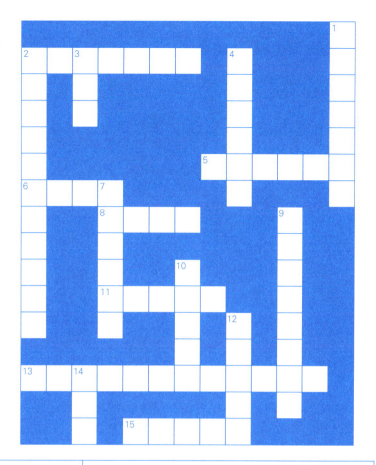

Horizontalement ➡

2 Dans mon … j'ai beaucoup de vêtements.

5 J'habite une grande …

6 Je regarde la … dans le salon

8 Je prends le train à la …

11 Je regarde la télé dans le …

13 Je prends une douche dans la …

15 Il y a une … dans ma chambre.

Verticalement ⬇

1 Ma mère prépare les repas dans la …

2 Je n'habite pas une maison. J'habite un …

3 Marc habite au bord de la …

4 Ma mère travaille dans le …

7 Dans notre village il y a une …

9 J'habite à la … . J'adore faire du ski.

10 On achète des timbres à la …

12 J'habite au premier …

14 Dans ma chambre, j'ai un grand …

Métro 1 © Heinemann Educational 1999

Révision 2

1 **Lis le texte et trouve:**

   a   trois membres de la famille _____

   b   six pièces _____

   _____

   c   six choses dans la chambre _____

   _____

Nous habitons dans un petit village à la campagne. Nous habitons une petite maison près de l'église. Au rez-de-chaussée, il y a une grande cuisine, un salon et un bureau pour ma mère. Elle travaille dans le bureau. Nous n'avons pas de salle à manger; nous mangeons dans la cuisine. Au premier étage, il y a trois chambres, une pour ma mère, une pour ma sœur et moi et une pour mon frère, et il y a une petite salle de bains. Nous avons un grand jardin avec beaucoup d'arbres. Je joue au football avec mon frère dans le jardin.

Je partage une chambre avec ma sœur, Lise. Les murs sont roses. Il y a deux lits, une table avec une petite télévision, une chaise et une petite table où je fais mes devoirs. Il y a aussi une grande armoire pour les vêtements et beaucoup de posters aux murs. J'aime regarder la télé dans ma chambre. J'écoute aussi de la musique dans la chambre. J'adore ma chambre!

2 **Voici des questions. Trouve les réponses dans le texte.**

   a   Tu habites en ville?

   _____

   b   Tu habites une maison ou un appartement?

   _____

   c   Il y a combien de chambres?

   _____

   d   De quelle couleur sont les murs de ta chambre?

   _____

   e   Qu'est-ce que tu fais dans ta chambre?

   _____

   f   Tu aimes ta chambre?

   _____

Que sais-je?

I can …

● *say where we live*

Nous habitons _____

_____

● *say where I live near*

J'habite près _____

_____

● *say what type of house or flat I live in*

J'habite _____

_____

● *say if there is a garage or a garden*

Il y a _____

Il n'y a pas de _____

● *say what rooms there are in my house*

Chez moi, il y a _____

_____

_____

_____

● *say what I do in the house*

Dans ma chambre, je _____

_____

Dans le salon, je _____

_____

Dans la salle de bains, je _____

_____

Dans la salle à manger, je _____

_____

● *say what I have in my room*

Dans ma chambre, il y a _____

_____

_____

Métro 1 © Heinemann Educational 1999

1 Où vas-tu? (pages 88–89)

1 C'est combien de jours?

a deux semaines _15 jours_   **d** un week-end _____

b un mois _____   **e** une semaine _____

c dix jours _____   **f** trois semaines _____

2a Complète les phrases.

a Je vais au  _____ pour  _____ .

b Pour mes vacances, je vais  _____

– sur la Côte d'Azur. Je reste  _____ .

c Pour ses vacances, Marc va  _____

– dans les Pyrénées pour  _____ .

d Pour ses vacances, Sandrine va  _____

– en Bretagne. Elle reste  _____ .

> au bord de la mer   à la montagne
> à la campagne   au Parc Disneyland

2b Complète ces phrases.

a Pour mes vacances, je  _____ .

Je reste  _____ .

b Pour ses vacances, Martine _____

pour _____ .

EXTRA! Où vas-tu pour tes vacances?

_____

2 Qu'est-ce que tu vas faire? (pages 90–91)

1 **Regarde la bande dessinée – En vacances. Relie les deux parties de phrases et écris la bonne phrase pour chaque image.**

1 _____

2 _____

3 _____

4 _____

5 _____

6 _____

7 _____

8 _____

9 _____

Nous allons au bord …   cheval.

Nous allons …   faire de la planche …

Mon frère va …   faire un pique-nique.

et ma mère va …   jouer au volley –

Mon père va …   jouer au tennis.

Et moi, je vais …   de la mer avec notre caravane.

et du …   faire des balades à vélo …

Mon frère et moi, nous allons …

et chaque jour, nous allons …   nager.

    à la pêche.

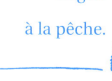

EXTRA! Dessine et écris une bande dessinée.

3 Aller en ville (pages 92–93)

1 **Dessine un symbole et une direction pour chaque phrase.** ← ↑ →

a La gare? Tournez à droite. →

b Le supermarché? Tournez à gauche.

c La piscine? Allez tout droit.

d La boulangerie? Tournez à droite.

e Le marché? Tournez à droite.

2 **Écris le nom des bâtiments sur le plan.**

a La banque est en face de la poste.

b La poste est entre la boulangerie et le restaurant.

c L'hôtel est en face du restaurant.

d Après l'hôtel, dans l'avenue Pompidou, il y a le supermarché.

e En face du supermarché, il y a la piscine.

f L'hôtel de ville est en face de la boulangerie et à côté du cinéma.

g La gare est à côté du cinéma.

h Le jardin public est en face de la gare et du cinéma.

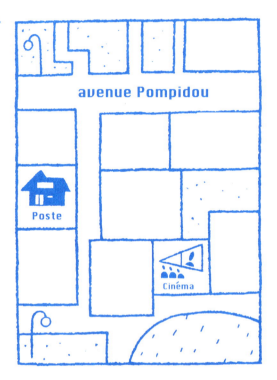

3 **Réponds aux questions.**

a Où est la boulangerie?

b Où est le restaurant?

c Où est le cinéma?

d Où est le supermarché?

Métro 1 © Heinemann Educational 1999

Mini-test

a

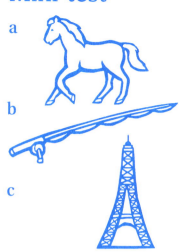

b

c

d

Lundi, qu'est-ce que tu vas faire?
Je vais rester à la maison.
Je vais jouer aux cartes
Puis je vais faire de la natation.

Mardi, qu'est-ce que tu vas faire?
Je vais jouer au volley-ball.
Je vais aller à la pêche
Puis je vais jouer au football.

Jeudi, qu'est-ce que tu vas faire?
Je vais faire du cheval.
Je vais aller à la campagne
Puis je vais aller au centre commercial.

Ce week-end, qu'est-ce que tu vas faire?
Je vais aller à la boulangerie.
Je vais manger des croissants
Puis je vais aller à Paris!

e   f   g   h

1 Lis le poème. Trouve et écris une phrase pour chaque symbole.

a _____

b _____

c _____

d _____

e _____

f _____

g _____

h _____

2 À toi! Réponds aux questions.

a Lundi, qu'est-ce que tu vas faire ?

_____

b Le week-end, qu'est-ce que tu vas faire?

_____

Métro 1 © Heinemann Educational 1999

4 On achète des souvenirs (pages 94–95)

1 Écris les bons prix en chiffres.

SOLDES!

Offres spéciales!

Tee-shirts
douze euros

Bouteilles de parfum
neuf euros

CD
treize euros

Chocolat
trois euros

Posters
sept euros

Montres
dix euros

Porte-clés
six euros

a _____ b _____ c _____ d _____ e _____ f _____ g _____

2 Mets les réponses dans le bon ordre.

1 Bonjour, <u>madame</u>.   *Ça fait combien?* ☐

2 Vous désirez?   *Merci, <u>monsieur</u>.* ☐

3 Voilà.   *Bonjour, <u>monsieur</u>.* ☐

4 Ça fait <u>neuf</u> euros.   *Au revoir, <u>monsieur</u>.* ☐

5 Au revoir, <u>madame</u>.   *Je voudrais <u>une bouteille de parfum</u>*
<u>pour ma mère</u>, s'il vous plaît. ☐

3 À toi! Écris une conversation. Adapte les détails soulignés.

_____

_____

_____

_____

_____

_____

Métro 1 © Heinemann Educational 1999

5 Au Quick (pages 96–97)

1 C'est combien pour chaque image?

a

b

c

d

Coca.....................€1,20		Fishburger €2,40	
Fanta €1,20		Hamburger..........€1,50	
Orangina €1,20		Poulet-dip............€2,80	
Eau minérale.......€1		Toastie €1,90	
Café €0,70		Cheeseburger €1,40	

a _____   b _____   c _____   d _____

_____   _____   _____   _____

_____   _____   _____   _____

_____   _____   _____   _____

_____   _____   _____   _____

2 Lis la conversation. C'est pour quelle image?

Bonjour, madame. Vous voulez?
Bonjour, monsieur. Je voudrais deux Cocas et un café, s'il vous plaît.
Et avec ça?
Je voudrais un fishburger et un cheeseburger, s'il vous plaît.
C'est tout?
Oui, c'est tout.
Voilà, madame.

EXTRA! Écris une conversation pour une autre image.

Métro 1 © Heinemann Educational 1999

Révision

1 Choisis la bonne réponse pour chaque question.

1 *Comment tu t'appelles?* h

2 *Quel âge as-tu?*

3 *Quelle est la date de ton anniversaire?*

4 *Tu es comment?*

5 *Où habites-tu?*

6 *As-tu des frères et sœurs?*

7 *As-tu un animal?*

8 *Quelle heure est-il?*

9 *Qu'est-ce que tu portes?*

10 *Tu aimes quels sports?*

11 *Qu'est-ce que tu aimes faire?*

12 *Que fais-tu quand il pleut?*

13 *Que fais-tu quand il fait chaud?*

14 *Habites-tu près du centre-ville?*

15 *As-tu une télévision dans ta chambre?*

16 *Qu'est-ce que tu as dans ta chambre?*

17 *Où vas-tu pour tes vacances?*

18 *Qu'est-ce que tu vas faire en vacances?*

a J'habite à Dieppe.

b Je porte un pantalon, une chemise et un pull.

c Je vais faire du camping et je vais aller à la pêche.

d Oui, j'ai un chat et un lapin.

e J'aime faire de la natation et du judo.

f Je reste à la maison et je regarde la télé.

g Non, j'habite dans un petit village.

h Je m'appelle Hervé.

i Oui, j'ai une télévision et un ordinateur dans ma chambre.

j Je vais aller au Parc Disneyland.

k C'est le premier avril.

l J'ai douze ans.

m Dans ma chambre, j'ai un lit, une armoire, des posters, une table, une chaise et une télévision.

n Je joue au tennis ou je fais du vélo.

o J'ai un frère et deux sœurs.

p Il est dix heures et demie.

q J'aime le football et le basket.

r Je suis grand, j'ai les yeux bleus et les cheveux roux.

Métro 1 © Heinemann Educational 1999

2 À toi! Réponds aux questions. Adapte les réponses à la page 58.

Comment tu t'appelles? _____

Quel âge as-tu? _____

Quelle est la date de ton anniversaire? _____

Tu es comment? _____

_____

Où habites-tu? _____

As-tu des frères et sœurs? _____

As-tu un animal? _____

Quelle heure est-il? _____

Qu'est-ce que tu portes? _____

Tu aimes quels sports? _____

Qu'est-ce que tu aimes faire? _____

Que fais-tu quand il pleut? _____

Que fais-tu quand il fait chaud? _____

_____

Habites-tu près du centre-ville? _____

_____

As-tu une télévision dans ta chambre? _____

_____

Qu'est-ce que tu as dans ta chambre? _____

_____

Où vas-tu pour tes vacances? _____

_____

Qu'est-ce que tu vas faire en vacances? _____

_____

_____

Métro 1 © Heinemann Educational 1999

Que sais-je?

I can …

- *say where I am going for my holiday*

  Je vais _____

  _____

- *say how long I am going for*

  Je vais rester _____

- *say whether I like it or not*

  C'est _____

- *say what I am going to do*

  Je vais _____

  _____

- *ask the way to somewhere in town*

  Pour _____

  _____

- *say what I would like to buy in a shop*

  Je voudrais _____

  _____

- *ask how much something costs*

  Ça _____

- *ask for an item of food at a fast-food restaurant*

  Je voudrais _____

  _____

- *ask for a drink*

  Je voudrais _____

✦ Diplôme ✦

Nom et prénom: _____
(Comment tu t'appelles?)

Âge: _____
(Quel âge as-tu?)

Date de naissance: _____
(Quelle est la date de ton anniversaire?)

Nationalité: _____

Adresse: _____
(Où habites-tu?)
_____
_____

Collège: _____

Prof de français: _____

• •

Choisis une phrase pour toi:

J'adore le français ☐   Le français, c'est OK ☐

J'aime le français ☐   Je n'aime pas le français ☐

Complète:

	génial	OK	intéressant	difficile	ennuyeux
ÉCOUTER					
LIRE					
PARLER					
ÉCRIRE					

Mon unité préférée, c'est _____

Signature: _____   **Date:** _____

Signature du prof: _____   **Date:** _____

Métro 1 © Heinemann Educational 1999

ISBN 0-435-37129-0

9 780435 371296 >